AF370937

PROCESSION

DE LA PAROISSE

DE St.-NIZIER DE LYON

A LA CHAPELLE

DE NOTRE-DAME DE FOURVIÈRES,

Le 12 Septembre 1815.

A LYON,

IMPRIMERIE DE J.-M. BOURSY, RUE POULAILLERIE.

1815.

PROCESSION

DE LA PAROISSE

DE St.-NIZIER DE LYON

A LA CHAPELLE

DE NOTRE-DAME DE FOURVIÈRES,

Le 12 Septembre 1815.

LA France couverte du voile sanglant de la terreur, avait vu s'éclipser l'aurore de la félicité publique. Le petit-fils d'Henri-le-Grand fuyait, et la patrie éplorée fuyait avec lui. Mais les Lys n'ont courbé qu'un moment leurs tiges majestueuses. Semblable au Soleil qui sort resplendissant du milieu des nuages, le retour de LOUIS-LE-DESIRE a dissipé les ténèbres, le bonheur a reparu avec lui : et la timide colombe qui ne savait depuis long-temps où reposer ses pieds dans une terre remplie d'alarmes, nous a apporté le rameau d'olivier, symbole d'une paix si ardemment desirée.

Quel changement miraculeux s'est opéré ! La France en proie aux convulsions de l'anarchie , a vu tout-à-coup tarir la source de ses larmes. Le calme a succédé à la tempête, la tristesse a fait place à la joie , et toutes les bouches ont prononcé pour la seconde fois ces paroles consolantes : *Benedictus qui venit in nomine Domini !*

Quel spectacle nouveau s'offre à nos regards étonnés ! Des armées de processions marchent à la conquête de la Religion , du diadême de St. Louis, du trône des Bourbons ! Quel est le but de ces pélerinages royaux , de ces migrations religieuses , de ces courses évangéliques ? Quels sont les motifs de tant de vœux , les objets de tant de prières ? les sujets de tant de soupirs ? les causes de l'allégresse générale ? *La conservation et le retour des Bourbons !*

Ici les ministres du Seigneur prosternés aux pieds des autels, font retentir les voûtes de nos temples de cantiques d'actions de grâces. Nous les voyons bénir au nom du Très-Haut Louis-le-Desiré, comme Melchisedech bénit Abraham ; remercier le Dieu des armées d'avoir arrêté tout-à-coup le torrent de nos malheurs , comme il suspendit les vagues de la mer Rouge, comme il arrêta le cours du Jourdain, comme il fit au temps

d'Elie cesser la famine , et comme il détrui-
sit en une seule nuit l'armée de Sennacherib ,
en faveur de son peuple d'Israël.

Là , des vierges timides poussent vers
le Ciel de tendres gémissemens. Innocentes
Suzannes , elles se jettent dans les bras du
Tout-puissant : courageuses Esthers , elles
triomphent du perfide Amman : sensibles
Magdeleines , elles entourent le trône de
Louis-le-Desiré du parfum de leurs vertus.
Doit-on s'étonner de tant de ferveur et de tant
d'amour , quand on pense que les Lyonnais
ont pu célébrer dans une cérémonie auguste ,
le triomphe de la Religion , la gloire du Roi
des cieux , la fête du petit-fils de St. Louis !

Jaloux de donner l'essor à leurs sentimens
trop long-temps comprimés , les Lyonnais
ont écouté le tocsin de l'honneur qui leur
annonçait le triomphe de leur auguste Monar-
que (1). Le 25 Août a vu une des fêtes les
plus majestueuses que des Français aient
pu offrir à Louis XVIII. La religion , l'amour,
l'honneur et la fidélité , en avaient ordonné
le plan ; avec de tels guides , les Lyonnais
pouvaient-ils s'égarer ! Ma voix n'a pas assez
d'expression pour peindre l'enthousiasme
qui animait tous les esprits , qui réchauffait

tous les cœurs, pour décrire cette auguste cérémonie, qu'on peut appeler la fête du sentiment et de la religion, et *Spectaculum Deo dignum*. Lyon est peut-être la seule ville où l'on ait témoigné autant d'amour pour l'auguste famille des Bourbons ! Pourquoi faut-il que ces Princes magnanimes n'aient pas été les témoins de l'allégresse générale ?

Mais l'amour, le zèle, la piété des Lyonnais, n'étaient pas satisfaits. Chaque jour a éclairé une nouvelle cérémonie religieuse, et chaque paroisse a voulu remercier le Ciel de l'heureux retour de nos princes chéris. Celle de St.-Nizier, une des plus considérables de la ville par l'étendue de sa population, le nombre de ses paroissiens, a été processionnellement déposer à Notre-Dame de Fourvières, l'Oriflamme, et s'acquitter de la dette sacrée qu'elle avait contractée. Essayons de décrire cette pompe religieuse.

Le 12 Septembre était le jour choisi pour la cérémonie. Dès le matin, la paroisse était remplie d'une foule de fidèles ; à huit heures la procession est sortie de l'église. La marche était ouverte par la bannière de St.-Nizier.

Venait ensuite une bannière satin bleu-de-ciel, présentant sur un carré couleur carmélite, l'image de la Vierge tenant dans ses bras l'enfant Jesus, et foulant à ses pieds le tentateur de nos premiers parens. Au-dessus on lisait: *Sancta Maria, ora pro Rege nostro.* Sur le derrière était représentée l'étoile (*Stella matutina*) qui nous a conduit dans le sanctuaire du bonheur. Un nombre considérable de Dames, de Demoiselles, vêtues de blanc, la tête ornée de Lys entremêlés d'immortelles, portant l'écusson de France, des soleils, des chiffres brodés, des corbeilles de fleurs, formaient un cortége des plus brillans.

Un drapeau aux armes de France était placé au milieu de deux guidons blancs avec des fleurs de Lys en or, portant cette inscription : *Société des amis du Roi.* Les fusils des Gardes nationaux garnis de lys, d'immortelles, attestaient les sentimens non équivoques de ces amis de la Royauté. Une musique harmonieuse dont les accens expressifs répandaient dans l'ame une douce émotion, précédait le Clergé qui était suivi des Officiers de la Garde nationale, des Fonctionnaires publics, des Chasseurs d'Henri IV, des Fabriciens, des Membres de la Confrérie du St.-Sacrement, et autres Paroissiens , etc. La marche était fermée par un Oriflamme blanc, parsemé de fleurs de lys d'or. Le devant présentait l'Agneau immolé , au-dessous duquel étaient peints les attributs de la Religion et de la Royauté , avec ces paroles de l'Apocalypse : *Agnus vincet.* Le derrière offrait une Ostensoire au-dessus duquel on lisait: *Adoremus in æternum* ; mots sublimes qui déroulent à la pensée de nobles et belles images , et la grandeur des mystères du Christianisme.

Un ciel pur et serein, un jour sans nuage, le calme profond des airs , les soupirs de la piété , l'expression d'une joie pure, le recueillement des spectateurs, le concours du peuple, rendaient la cérémonie encore plus auguste. Les chants religieux étaient remplacés par les accens d'une musique qui réglait le pas de la cérémonie. La procession est parvenue ainsi, dans un silence religieux de la part du peuple, jusqu'à la place des Minimes; mais , arrivée à ce lieu qu'on peut appeler le séjour de la Royauté , des cris de VIVE LE ROI ont retenti de toutes parts. Il semblait que les cœurs s'électrisaient du feu du Royalisme à mesure qu'ils s'élevaient vers le Ciel. Le buste de Louis XVIII, couronné de Lys, placé sur la terrasse de la chambre des Notaires, a excité le plus vif enthousiasme. Par un mouvement spontané, par un assentiment général, tous les assistans ont salué ce buste vénéré, et les drapeaux ont été inclinés devant lui. Cette effigie rappelait les traits chéris du meilleur des Rois, image fidèle et bienfaisante de la Divinité. En fallait-il davantage pour électriser des cœurs français !

Les terrasses des jardins étaient garnies de Dames, de Demoiselles, de petits enfans, qui agitaient des mouchoirs, des drapeaux blancs, des tiges de lys, et qui ne pouvaient se lasser de crier *vive le Roi*, *vivent les Bourbons*, *vive la Religion*, *vivent ses Ministres*, *vivent les Prêtres*. Ainsi l'innocence, la candeur, la vertu, rendaient hommage à la Divinité, honoraient la Religion, publiaient hautement le nom et célébraient les louanges de Louis XVIII. Ce n'était pas ici comme dans ces jours de douloureuse mémoire, des cris sauvages, des blasphêmes horribles, des vociférations épouvantables, qui attiraient sur la tête des coupables, l'indignation des hommes de bien, le courroux et la vengeance célestes. « Quelle différence entre l'effroyable pompe du vice , et le triomphe si doux de la vertu ; entre le règne de la terreur et celui de l'amour ! »

Mais au milieu de ces voix angéliques , se fait entendre le cri de *vive le Saint-Père !* Le Saint-Père !..... que de souvenirs se rattachent au nom du vertueux Pie VII , au nom du Vicaire de J. C. : de ce Pontife vénérable ennobli par ses malheurs , ses souffrances et sa longue captivité : de ce digne successeur de St. Pierre aux pieds duquel sont venus se briser la rage impuissante de la tyrannie , les fureurs du fils aîné de Satan et du père des mensonges !

Que de souvenirs se présentent à l'imagination ! Le chemin sinueux où passe la procession , est celui où a passé le souverain Pontife ! Pie VII a béni l'église de Fourvières et la ville de Lyon ! Pie VII a séjourné dans nos murs, visité nos hôpitaux, nos établissemens de charité ! Pie VII a visité l'Isle-Barbe , honoré de son auguste présence les rives de la Saône. Sur sa figure céleste est empreinte la double image de la Majesté royale et divine. La bonté repose sur ses lèvres, la charité habite dans son cœur ! Sa tête vénérable porte la tiare de St. Pierre ! Entre ses mains reposent les clefs du Royaume des Cieux ! (2)

La foule se presse sur ses pas : le vieillard et l'enfant, la mère et la fille, le juste et le pécheur, le crédule et l'incrédule se disputent le bonheur de le voir et le bonheur encore plus grand de le toucher ! Prosternés à ses pieds, les uns baisent sa mule, d'autres appliquent leurs lèvres brûlantes sur sa main angélique ; quelques autres poussés par un esprit de foi, touchent ses vêtemens, et se rappellent qu'une femme fut guérie par l'attouchement de la robe de Notre-Seigneur.

Le St.-Père dont la présence réveille tous les sentimens, nous rappelle les traits de son divin Maître qui bénissait les petits enfans, pleurait sur la malheureuse Jérusalem : se reposait pendant la cène sur le sein de St. Jean, et qui attaché à l'arbre de la Croix, donnait à sa divine Mère un second Fils, et à son Disciple bien-aimé une seconde mère !

L'imagination vivement affectée suffisait à peine aux idées qui l'agitaient. Tout-à-coup un spectacle s'offre à la sensibilité des fidèles. Des Dames quêtent en faveur des pauvres de l'hospice de l'Antiquaille. Un motif aussi louable est un talisman qui agit puissamment sur les ames des royalistes. Le moyen de résister aux sollicitations de la vertu, intercédant pour le malheur ! Les bourses s'ouvrent : le beaume de la charité guérit les plaies de l'infortune ! D'ailleurs qui mieux que les Dames, pouvait s'acquitter dignement de ce ministère évangélique ! C'est une Dame qui en parlant du sacrifice d'Abraham disait que *Dieu n'aurait jamais exigé un pareil sacrifice du cœur d'une mère !* Un homme aurait-il jamais conçu une idée si délicate, si ravissante !

Parvenue au sommet de la montagne, la procession est entrée dans l'église de Fourvières (3). Que d'objets se présentent aux regards étonnés, à l'imagination qui se plonge dans les souvenirs du passé, à la pensée qui s'égare dans l'immensité de l'avenir, à l'ame qui se confond dans le tableau des affections du moment! Trois oriflammes, cinq bannières suspendus aux voûtes de l'église, des dais, des vœux, des offrandes, des lampes, des tableaux, attestent le zèle, la piété, la foi et la ferveur des Lyonnais! (4) Ce que la broderie offre de plus délicat, la pensée de plus ingénieux, le sentiment de plus vrai, la naïveté de plus expressif, le cœur de plus

tendre, ont à l'envi, orné, embelli, décoré
ces gages des plus doux souvenirs.

Soyez à jamais l'objet de nos affections,
drapeaux pacifiques, voués par la foi dans
l'inquiétude, offerts par la piété dans le
bonheur, bénis par la religion dans son
triomphe : dont la conquête innocente n'a
pas coûté une seule goutte de sang, et qui
n'avez fait couler que les pleurs de la reconnaissance !

Parvenus dans le sanctuaire de l'Eglise,
un digne ministre du Seigneur, M. Linsolas
a commencé la célébration des SS. Mystères.
Après l'Evangile, M. Wurtz, dont l'élo-
quence apostolique fait retentir si souvent
les voûtes de nos temples, a prononcé une
courte instruction sous forme de prière,
adressée à Notre-Dame de Fourvières, qu'il a
invoquée comme la protectrice de la France
et proclamée la libératrice du royaume des
Lys.

Après le discours, M. Linsolas a achevé
la célébration des SS. Mystères. Le *Domine,
salvum fac Regem* a été entonné à trois re-
prises, et la procession s'est rendue à la
paroisse de St.-Nizier dans le même ordre
dans lequel elle était venue, et aux cris mille

fois répétés de *Vive le Roi !* Un concours immense de spectateurs ajoutait à l'intérêt et à la pompe de la cérémonie , qui a été terminée par la bénédiction du St.-Sacrement.

Dans un dernier élan, s'est fait entendre (dans le temple même) le cri français de *Vive le Roi !* ce cri la terreur et le désespoir des factieux , la joie et la consolation des adorateurs du Dieu de St. Louis , des fidèles serviteurs du Roi, des Ministres de la religion : ce cri de tous les cœurs et de tous les âges ; ce cri libérateur que bégaie l'enfance, que prononce la jeunesse , que répète l'âge mur, que balbutie la vieillesse, que révère l'innocence , que chérit le Français, et auquel la religion met le sceau dans le chant du *Domine, salvum fac Regem !*

VIVE LE ROI ! VIVE A JAMAIS LE ROI !

NOTES.

(1) Aux premiers rayons de l'aurore , des salves d'artillerie annoncent aux Lyonnais qu'un beau jour va commencer. Sa pureté est du plus heureux présage ; elle semble annoncer aux Dames de cette ville que le Ciel veut prendre part aux fêtes de la terre , et protéger l'accomplissement du vœu qu'elles ont fait , dans des jours de deuil et de désolation , pour le retour d'une famille adorée.

Sur une colline située à l'ouest de Lyon , est une Chapelle dédiée à la Vierge , sousle nom de *Notre-Dame de Fourviéres* ; c'est-là que les Dames et les Demoiselles de la ville doivent aller en procession déposer une bannière , gage touchant de leur piété et de leur amour pour les Bourbons. Elle représente , d'un côté , St. Louis priant avec ferveur pour la félicité de la France ; de l'autre , la Mère de Dieu tenant à la main une plante de lys que bénit l'enfant Jesus. Un lion lui lèche les pieds , et par l'humilité de son attitude et la douceur de son regard , il s'efforce d'exprimer à la Vierge son respect et sa reconnaissance. Il est une particularité digne de remarque. L'artiste qui avait conçu le dessin de ce tableau, le mettait à exécution dans l'ombre du mystère, soigneusement enfermé dans une chambre du palais des Arts , tandis que la cour de ce même palais servait de club aux Fédérés, et que leurs cris séditieux se prolongeaient sous ses vastes portiques ; son pinceau n'en est point ébranlé ; le zèle des Dames n'en est point ralenti. « Le lys, » disaient-elles, malgré la violence de l'orage , pren- » dra bientôt , sous la protection de Marie, la crois- » sance et la force d'un chêne majestueux , et le sceptre » de fer que l'usurpateur veut encore faire peser sur la » France , se brisera comme un frêle roseau. » Étaient- elles initiées dans les secrets des Rois ? connaissaient- elles leurs projets , leurs forces d'exécution ? avaient- elles deviné les chances de la guerre ! Non , les yeux fixés au Ciel , les mains étendues vers lui , elles de- mandaient avec ferveur que la vertu triomphât , et que le crime, le parjure et la trahison reçussent un prompt châtiment. Tous leurs calculs étaient fondés sur la divine justice.

L'église de St.-Polycarpe est le premier point de réunion. On y bénit les bannières et l'oriflamme qui doivent paraître dans cette auguste cérémonie , et le cortége se rend à St.-Nizier. C'est de ce temple que la procession sort dans tout son éclat et toute sa majesté ; elle est ouverte par les Dames et les Demoi- selles vêtues de blanc , au nombre d'environ 2000. A leur tête paraît l'*Ex-voto*. A quelques pas de dis- tance , est une autre bannière où le chiffre de Marie et de Louis se lit au milieu d'une couronne de roses et d'immortelles. Quarante petites filles , le front ceint de roses blanches , suivent immédiatement cette ban- nière. Elles portent des écussons aux armes de France , des corbeilles en satin blanc semé de fleurs de lys en or , des couronnes de fleurs et des plantes de lys. Les grouppes charmans , placés au milieu de la haie formée par les Dames et les Demoiselles , et bordée

par

par la Garde nationale, la simplicité et la fraîcheur
des costumes, les offrandes destinées à la Vierge,
l'ordre et la décence qui président à cette cérémonie,
portent dans tous les cœurs des émotions depuis long-
temps inconnues. Aussi le peuple, frappé tout à-la-fois
d'étonnement, de respect et d'enthousiasme, s'écriait-il
de toutes parts, les yeux humides de larmes : *Gloire
à Dieu !... Honneur à la Religion !... Vive le Roi !...
Vive la Famille Royale !... Vivent les Dames de
Lyon !...* A la suite des Dames, des hommes vêtus en
militaires portent l'oriflamme ; la musique de la Garde
nationale et le Clergé précèdent M. le marquis d'Her-
bouville, président du collége électoral; M. le comte
de Chabrol, préfet du département ; M. le comte de
Fargues, maire de la ville ; et le cortége est fermé par
des hommes vêtus de noir. Après avoir défilé sur le quai
de la Saône et le pont de l'Archevêché, la procession
s'arrête devant la Métropole pour y prendre le Chapitre
de St.-Jean, M. le général en chef baron de Frimont,
M. le commandant de la place baron de Fürstenverther,
l'Etat-Major de la Garde nationale, la Cour Royale,
le Tribunal de commerce, et les Membres de diverses
autorités et établissemens. Alors par le chemin sinueux
tracé sur la montagne, elle se dirige vers la chapelle de
Notre-Dame de Fourvières.

Au retour, la Procession se rend sur la place de
Bellecour ; la garnison autrichienne et la Garde nationale forment un vaste carré, au milieu duquel s'élève
une estrade entourée par les Dames et les Demoiselles ;
une messe militaire y est célébrée au bruit des fanfares
et de l'artillerie. Les jeunes Demoiselles distribuent
alors les plantes de Lys aux personnes de marque, et

cette attention délicate enivre sur-tout de plaisir et de
joie les chefs autrichiens qui en sont l'objet. La Garde
nationale défile ensuite devant le général en chef baron
de Frimont, entouré de son Etat-Major, aux cris non
interrompus de *Vive le Roi !* et la Procession rentre dans
St.-Nizier.

Des chants en l'honneur du Souverain, répétés dans
tous les quartiers de la ville, des rondes sur les places
publiques, et une illumination générale où l'on distingue
d'heureuses devises et des emblêmes ingénieux, ter-
minent cette charmante journée.

O ma Patrie ! j'ai retrouvé, dans ce beau jour, l'enthousiasme, le noble élan que tu fis éclater à la vue
d'une vertueuse Princesse et du plus aimable des
Princes. Tes habitans se sont montrés tels qu'ils furent
toujours, pleins de zéle pour la Religion, d'amour pour
leur Souverain, de sagesse et de modération, même au
milieu de leurs transports de joie. Ce n'est que d'au-
jourd'hui que tu as brisé la chaîne dans laquelle on
voulait te retenir encore. Quelques factieux, pour la
plupart étrangers à ton sol, ont seuls mérité la honte
dont on voudrait te couvrir aux yeux de l'Europe
entière. D'accord avec les traîtres, ils ont secondé
de tout leur pouvoir la plus noire des perfidies. J'en
appelle à Monsieur; il fut témoin de notre ivresse, de
nos pleurs et de nos regrets; le Prince adoré vit dans
nos murs l'infâme alliance de la trahison et de la force,
et l'union malheureuse de la faiblesse et du dévouement.
Bordeaux, malgré son courage, ne put retenir Marie-
Thérèse, et vit les eaux emporter sur un esquif l'objet
de ses adorations. Le Midi, malgré tous ses efforts,
ne put défendre le Duc d'Angoulême. Français de tous

(19)

les départemens , placés dans les mêmes conjonctures ,
vous eussiez succombé comme nous. Le Roi connaît
notre attachement pour lui , il rivalise avec le vôtre ;
et cet amour exclusif que l'on feint de donner à une
partie de son peuple , au détriment de l'autre , n'est
qu'un piége grossier tendu par nos ennemis , et auquel
tout bon Français ne saurait se laisser prendre.

(Note communiquée par un Officier de la
Garde nationale.)

(Cette fête de la Saint-Louis a été décrite dans le
journal de Lyon , du 29 août 1815 , et dans un ouvrage
qui a pour titre : *La France en convulsion , pendant
la seconde usurpation de Buonaparte.* Lyon , chez
Boursy. 1815.)

Le Dimanche 17 septembre , il y a eu dans l'Eglise
des Chartreux une cérémonie religieuse qui a attiré
un grand concours de fidèles. On a béni un drapeau ,
et une croix en fer qui doit être placée au-dessus du
dôme de cette magnifique église. On ne peut que louer
le zèle du curé de cette paroisse , qui a voulu res-
taurer un ancien monument que réclamait la piété
de ses paroissiens. La cérémonie a été précédée d'un
des plus éloquens discours de M. *Bonnevie.* Cet Apôtre
infatigable du Royalisme , qui a prêché le carême dernier à Marseille , où il n'a pas peu contribué à entre-
tenir les habitans de cette ville dans leur amour et leur
dévouement pour la cause du Roi , a donné l'essor à sa
brillante imagination. Sa péroraison sur-tout a produit
sur les auditeurs , la plus vive impression. Après l'avoir
fait connaître en chaire , nous espérons que M. *Bonnevie*
la rendra publique par la voie de l'impression.

L'église des Chartreux a servi , pendant la seconde usurpation de Buonaparte , de magasin à poudre. On y avait transporté quatre mille quintaux de poudre , des gargousses , des obus , des feux grégeois , etc. La garde de ce redoutable dépôt était heureusement confiée à un respectable militaire dont je regrette de ne pas savoir le nom. C'est à lui qu'on est redevable du salut de Lyon , car si le feu eût pris aux poudres , la ville entière sautait. Il n'y aurait eu que les extrémités du quai St.-Clair et d'Ainay qui auraient été à l'abri de la commotion effroyable qui aurait englouti cette belle cité. Si l'explosion se fût faite du côté de la Saône , la commotion qu'elle aurait produite , aurait suspendu le cours de la rivière , et Lyon eût éprouvé en un même instant , les fléaux réunis, d'un effroyable tremblement de terre , d'une grêle horrible de pierres , d'un incendie général, et d'une inondation. Voilà les bienfaits que nous préparait le gouvernement d'un usurpateur , et de ses nombreux partisans.

(2) Une personne de Lyon possède un bas de cérémonie de Pie VI. Ce précieux souvenir de cet illustre Martyr de la Religion , avait été acheté à Valence avec les mules de ce saint Pape , dans un encan que l'on fit des effets qui lui avaient appartenu. Un de ces bas a été donné à une vertueuse demoiselle qui a été se faire religieuse à la Nouvelle-Orléans. L'autre est entre les mains de son frère qui le garde précieusement. Il est en damas cramoisi. Sa grandeur donne une idée de celle de l'auguste Pontife qui le portait , et qui était un des plus beaux hommes de l'Europe.

(5) Au-dessus de la porte de l'église de Notre-Dame de Fourvières, est gravée en lettres d'or, cette inscription :

D. O. M.

HOC SACELLUM CULTUM

B MARIÆ VIRG DEIPARÆ

SS D N PAPA PIUS VII RESTITUIT

IPSEMET ET SACRA CELEBRAVIT

INDULGENTIIS PLENARIIS ET QUOTIDIE ILLUD DITAVIT

DIE XIX APR ANNO DOMINI M D CCC V.

Les oriflammes et les drapeaux suspendus aux voûtes de l'église, ont été donnés par la ville, par les Dames de Lyon, et les paroisses de St.-Jean, de St.-Nizier, de St.-Bonaventure, de St.-François, et de St.-Paul. Celui de la Ville, représentant St. Louis en prière, a été décrit dans la note n.º 1.

Celui qui a été donné par les Dames, représente d'un côté la Vierge foulant le serpent, la main droite élevée, et tenant de la gauche un écusson renfermant les armes de France, le portrait de Louis XVIII surmonté d'une couronne. Un lion est au pied de l'écusson. On y lit ces mots :

Vœu pour la conservation de la famille des Bourbons, le 17 Juillet 1815.

De l'autre côté sont les armes de France, entourées de tiges de Lys, avec cette devise :

Amour et fidélité aux Bourbons.

Aux quatre coins sont des fleurs de Lys, présentant chacune un de ces mots :

Un Dieu, un Roi, une Foi, une Loi.

(4) Les Dames de Lyon se sont immortalisées, pendant la seconde usurpation de Buonaparte, par la pureté et l'invariabilité de leurs sentimens. Elles ont montré un courage digne des plus grands éloges, et un amour sans bornes pour l'auguste famille des Bourbons. Pendant l'absence du Père de la Patrie, lorsque la terreur planait sur la France, elles adressaient au Ciel les prières les plus ferventes pour la Famille Royale. L'Eglise de Notre-Dame de Fourvières était remplie jour et nuit de personnes des deux sexes qui venaient faire des vœux pour le retour de Louis XVIII. Il semble qu'elles avaient reçu en partage une émanation du courage héroïque de l'auguste fille de Louis XVI, dont la terre et la mer ont admiré le dévouement et la noble fermeté. L'Océan a été étonné de se voir traversé par la plus auguste des Princesses, et ses vagues ont respecté le vaisseau qui portait les futures destinées et les espérances de la France. Du fond de nos cœurs brûlans d'amour, sortent ces paroles qui expriment nos sentimens, et dont nous osons espérer qu'elle voudra bien agréer l'expression.

MADAME,

De fidèles sujets de Sa Majesté osent présenter à Votre Altesse Royale l'hommage de leur respectueux dévouement, et les sentimens de leur profonde admiration pour vos hautes vertus et votre noble courage. Dans la vivacité de leurs sentimens qui n'ont point de bornes, ils associent au cri identifié avec les Français, de VIVE LE ROI ! ce cri non moins cher à tous les Français, VIVE MADAME !

Nouvelle Antigone , compagne fidèle du meilleur des Rois, modèle parfait de la piété filiale et religieuse, digne fille de Marie-Thérèse , voilà , MADAME , les titres qui rallient autour de vous tous les amis de la Royauté , tous les défenseurs du trône.

A votre aspect , nous voyons s'élever vers le Ciel l'hommage de tous les cœurs , fumer de toutes parts l'encens de la reconnaissance , se répandre sur la terre les bienfaits de la paix, s'affermir le règne de la vertu , le triomphe de la justice.

A votre aspect , MADAME , nous voyons s'enfuir pour toujours l'hydre de l'anarchie , se fermer à jamais l'abîme d'où nous sommes deux fois miraculeusement sortis , expirer les derniers murmures , se briser les dernières vagues d'une tempête politique , si longue et si désastreuse.

Semblable à l'innocente colombe qui au temps du déluge annonça la réconciliation du genre humain avec l'Auteur de la nature , vous nous apportez le rameau d'olivier , symbole d'une paix si ardemment désirée. Présenté de vos augustes mains , il devient le gage du bonheur et de la pacification du monde.

N. B. Les frais de l'impression retirés , le produit de cette petite brochure sera appliqué aux besoins des pauvres de l'hospice de l'Antiquaille.

F I N.